CINNAMON SOCIETY
Zimt und Poesie - Sternschnuppenstunden

AF282472

CINNAMON SOCIETY

ZIMT UND POESIE

STERNSCHNUPPENSTUNDEN

SPENDENAKTION

Bibliografische Information der Deutschen Nationalbibliothek:
Die Deutsche Nationalbibliothek verzeichnet diese Publikation in der Deutschen Nationalbibliografie; detaillierte bibliografische Daten sind im Internet über http://dnb.dnb.de abrufbar.

2. Auflage 2024
Dieser Titel ist auch als eBook erschienen.
© 2024 Cinnamon Society

Gründerinnen: Anja Schöpf, Lara Pichler

Illustrationen:
Elci J. Sagittarius | (@elmooarts),
Nadine Koch, Lena Zoe Dernai | (@_nspken_illustration_)
Umschlaggestaltung:
Elci J. Sagittarius | (@elmooarts)
Satz:
Natalie Gille | www.nataliegille.de
Korrektorat:
Reyhan Ivory Lee | (@two_moon_lektorat)
Matti Laaksonen | www.mattilaaksonen.de (@lektorat_laaksonen)
Rieke Conzen | www.rc-lektorat.de (@lektorat_rieke_conzen)
Verlag: BoD • Books on Demand GmbH, In de Tarpen 42, 22848 Norderstedt
Druck: Libri Plureos GmbH, Friedensallee 273, 22763 Hamburg
ISBN: 978-3-7597-4985-7

INHALT

VORWORT

Fröhliche Sternschnuppenstunden!

Bevor wir zu den herzerfüllenden Texten kommen, ein paar kleine Informationen, die wir euch nicht vorenthalten möchten. Die ehrenamtlichen Mitglieder konnten im Namen der Cinnamon Society Autorengemeinschaft bereits über 6000 € für wohltätige Zwecke in Österreich, Deutschland und der Schweiz spenden. Sie wurde im Oktober 2021 von Anja Schöpf und Lara Pichler ins Leben gerufen. Gemeinsam mit 25 weiteren Autorinnen und Autoren arbeiten sie seit einigen Monaten an diesem ganz besonderen Projekt »Zimt und Poesie – Sternschnuppenstunden«.

Gefunden haben sie sich durch die Liebe zum Schreiben und den Willen, etwas Gutes zu tun, um anderen eine Freude zu bereiten. So durfte jedes Mitglied unglaublich tolle Menschen kennenlernen, die bei dieser Aktion ehrenamtlich mitwirkten.

Wie bei allen Büchern der Cinnamon Society wird der Erlös gespendet. Auch dieses Mal gehen sämtliche Einnahmen an die Flachgauer Tafel, die wir bereits mit »Sommerregentänze« unterstützen durften. Damals widmeten wir die Warenspenden der Ausgabestelle Seekirchen. Dieses Mal liegt unser Augenmerk auf der Ausgabestelle Trumer Seen.

»Zimt und Poesie« ermöglicht es uns, vielen Menschen ein Lächeln auf die Lippen zu zaubern.

Auch Du hast mit dem Kauf dieses Buches dazu beigetragen!

Jetzt wünschen wir ganz viel Spaß beim Schmökern in unserem Poesiewerk und wundervolle Sternschnuppenstunden.

Deine Cinnamon Society

Unsere Autor*innen

A. S. Schöpf | Lara Pichler

A.V. Sinth | Elci J. Saggitarius| Alina B. | Cansu Gökkaya

Carolin Neumann | Charlene Seebe | Katja Cramer-Brandt

Ursina Laura | Nadine Koch | Josephine Panster

Lena Dernai | Mia-Sophie Matzke | Rieke Conzen | Finanas

Petra Baar | Mareike V | F.L.Palao

Elisabeth Krauthaufer | Amanda Becker | Julia S. Oltmanns

Lois Heitkamp | Hanna C. Legnar | Elena König |

Alyssa Westensee | Jennifer Rouget

ÜBER UNSER SPENDENZIEL

Ein Pausenbrot, eine warme Suppe, eine Portion Nudeln. Drei für uns völlig selbstverständliche Mahlzeiten, über die sich die meisten kaum Gedanken machen. Leider haben diesen Luxus nicht alle.

Rund 1,5 Millionen Menschen sind in Österreich armuts- oder ausgrenzungsgefährdet. Eine Zahl, die uns schockiert und gleichzeitig zeigt, dass Mahlzeiten leider oft nicht selbstverständlich sind. Familien, die ihren Kindern kein Pausenbrot ermöglichen können. Senioren, die lieber auf ein Abendessen verzichten, als die notwendigen Lebensmittel zu schnell aufzubrauchen.

Gleichzeitig wirft in Österreich jeder Haushalt jährlich im Schnitt 133 Kilo Lebensmittel in den Müll. Zwei immense Faktoren, denen wir gemeinsam mit der Flachgauer Tafel entgegen wirken möchten. Seit 2012 hat es sich die Tafel im Salzburger Raum zur Aufgabe gemacht, Menschen zu unterstützen, deren finanzielle Lage oft keine regelmäßigen Mahlzeiten bieten kann. Durch Lebensmittelrettungsaktionen sammeln sie Nahrungsmittel, die im Handel aus den verschiedensten kleinlichen Gründen nicht verkauft werden. Allein im Jahr 2022 konnten so 245.000 kg Lebensmittel gerettet werden. Anschließend wird alles an verschiedenen Ausgabestellen an die Bedürftigen verteilt. Durch diese Herangehensweise wirkt die Flachgauer Tafel gleich zwei ungünstigen Faktoren entgegen: der Armut der Bürgerinnen und Bürger, aber auch dem unnötigen Wegwerfen von qualitativ unbedenklichen Lebensmitteln. Zwei Aufgaben, die ohne Spenden nicht möglich wären.

100 % des Erlöses dieses Buches wird an die Flachgauer Tafel gespendet. Sowohl mit Finanziellen – als auch mit Warenspenden möchten wir das Engagement der Mitarbeiter und Mitarbeiterinnen unterstützen und damit möglichst vielen Menschen eine echte Mahlzeit bieten. Dieses Mal legen wir unser Augenmerk bei den Warenspenden auf die Ausgabestelle Trumer Seen.
Genau deswegen möchten wir uns bei dir bedanken, denn auch du hast dazu beigetragen!

Und jetzt wünschen wir dir ganz viel Spaß beim Lesen unserer vielfältigen poetischen Texte und vielleicht denkst du beim nächsten **Tagtraum** ja an uns und genießt ihn mit einem kleinen Tanz noch viel mehr.

GEDANKENKARUSSELL

A. S. Schöpf

Gedankenkarussell
Rasend schnell
Immer da
Kein Entrinnen
Nur reines Verschwimmen der Sinnhaftigkeit des Seins
Ohne Grenzen
Wie ein unendlicher Tanz der Gefangenschaft
Im Käfig der eigenen Gedanken
Wie ein Tiger
Einst stark
Einst stolz
Einst wunderschön
Jetzt gebrochen und schwach
Ein Gefallener
Niedergestreckt durch das endlose Karussell der
Gedanken

ZWEI ZEILEN AUS WIEN

Lara Pichler

Was fällt dir nur ein,
so menschlich zu sein?

TAU

A.V. Sinth

Der erste Strahl ist trügerisch,
das Licht noch immer kalt.
Die Brise weiß auf meiner Haut,
wie Schnee an meinen Fingerspitzen.
Doch die Luft, die aus meiner Lunge steigt,
geht nicht in einer hellen Wolke auf.
Das Wasser beginnt zu schmelzen,
statt eisige Dolche zu bilden, es –

Ein Flattern erklingt über mir,
als hätte der Himmel Flügel bekommen.
Eine kleine Gestalt,
die sich gen Himmel schwingt.
Ein Ruf erklingt so jung und zart,
dass er kaum die Stille zerbrechen mag.

Ich sehe Leben über mir,
ein Vogel fliegt – solch schmales, zerbrechliches Getier.
Ich sehe Knospen an den Zweigen erwachen,
aus winterlichem Schlaf erweckt, das Sonnenlicht
anschmachten.
Ich spüre, wie es beginnt, mich zu umgeben,
und mit Herz und Körper bin ich ihm längst schon
erlegen.

Der Blick hinauf lässt mich innehalten im Sein,
so grell und kraftvoll ist der altbekannte Schein.
Das Leuchten nicht von Licht,
doch von einem Wandel, der die Zeiten bricht.
Der Moment schwächer als ein Wimpernschlag,
in dem sich der Frühling noch vor mir zu verbergen
vermag.

Mein Blick wandert weiter empor,
zum himmlischen Blau, das so viel wärmer ist als zuvor,
zu einem blättrigen Grün, so viel erfüllter mit Leben,
fort von dem Grau der Wolken daneben,
hin zu Farben, froher als ein Pfau,
allesamt spiegeln sie sich schillernd im wässrigen Tau.

Und mit geschlossenen Augen kann ich sagen,
das Verstreichen der Zeit ist so doch viel besser zu
ertragen.
Mit der Wiederkehr von stetig altem Leben,
ist es seine Vertrautheit, der ich mich beuge, mich
wieder und wieder tue ergeben.
Trotz des Verblühens der Welt mit all ihren Tagen,
kann ich doch, Jahr für Jahr, den Fall von Tau kaum
erwarten.

BLAU

Elci J. Sagittarius

Meine Gedanken sind blau.
So hell und klar wie der Himmel
an einem Frühlingstag im April,
an dem Apfelblüten durch die Luft fliegen
und Bienen summend vor dem Fenster schwirren.
So strahlend und türkis wie die Picknickdecke,
auf der du im Sommer gelegen hast,
die Sonnenstrahlen wärmend auf unserer Haut,
die Sonnencremereste noch auf der Nase.
So tief und satt wie der Ozean,
von dem wir uns beide immer ferngehalten haben,
die Zehenspitzen von rauschenden Wellen geküsst
und die Hand in der des anderen.
So finster und fast schwarz wie die Nacht,
in der die Sterne den Mond nicht alleine lassen,
sich zu ihm ans Firmament stellen
und zusammen darauf warten, dass der Morgen
anbricht.
Meine Gedanken sind nicht nur blau.
Sie sind du und ich und das Versprechen, dass du bei
mir bist.

VERBLASSTE BLÜTEN

Cansu Gökkaya

Blumen neigen dazu, zu sterben.
Ihre zarten Blütenblätter welken langsam dahin,
ihre lebendigen Farben verblassen zu einem fahlen Grau.
Einst so strahlend und voller Leben,
jetzt nur noch ein Schatten dessen, was sie mal waren.
Es ist, als ob die Zeit sich gegen sie verschworen hat,
um ihr Leben langsam und unaufhaltsam zu entziehen.

Ich war früher diejenige, die Deine verwelkten
Blütenblätter rettete.
Ich liebte, was einst war, hielt bei jeder Erinnerung an
das Gute fest.
Aber an Dir festzuhalten, brachte mir nichts Gutes.
Deine Blütenblätter waren schon längst zerstört,
es gab nicht, was ich tun konnte.
Kannst Du es nicht sehen?
Es ist längst Zeit, loszulassen.
Es gibt nichts mehr zu retten.

BUNTE WELT

Carolin Neumann

Eine Welt voller Freiheit
Eine Welt voller Gefahr
Das eine die Wahrheit
Das andere ein Traum

Eine Liebe so echt
Eine Liebe so stark
Die einen sehen es
Andere leugnen es

Bunt wie der Regenbogen
Düster wie der Regen

Eine Welt voller Hass
Eine Welt voller Neid
Die Liebe so normal
Und doch so verachtet

Wann sind wir endlich frei?
Wann dürfen wir lieben, wen wir wollen?

GEHEN

Charlene Seebe

Stehen und gehen,
laufen und sehen.
Wieder und wieder mit Stille und Kraft.
Auch mal pausieren
und einen Blick riskieren.
Der Zauber auf neuen Wegen.
Auf der Suche
nach Freiheit und Gefühl,
und dem wahren Leben.

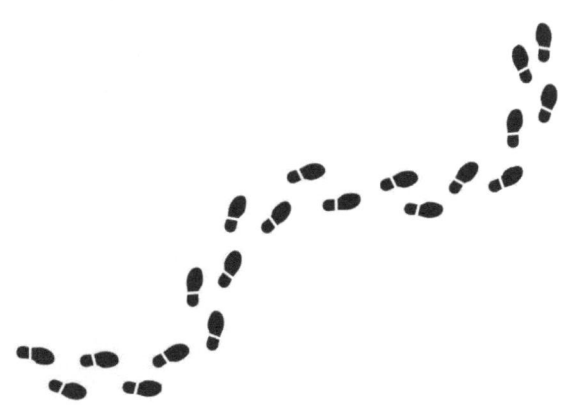

WAS WÄRE WENN?

Katja Cramer-Brandt

Was wäre, wenn gar nichts wäre?
Ich dümpelte in meiner Sphäre
so vor mich hin.
Ich würde mich nie etwas fragen.
Nichts schlüge mir je auf den Magen.
Und in mir drin
hätt' ich niemals Sehnsucht nach dir.
Du wärest ja auch gar nicht hier.
Es gäb' kein bunt.
Musik nicht, noch Kunst oder Spiele,
kein Wattenmeer und keine Priele,
nicht Tag, nicht Stund'.
Oh Hilfe, wie wär' ich verloren!
Ich hätte ja nicht einmal Ohren
und keinen Darm,
um einfach auf alles zu scheißen.
Kein Hund würde niemanden beißen.
Nie wär' es warm.
Und würd' ich ins Nirgendwo fallen-
Kein Seil, um mich dran festzukrallen
im schwarzen Loch.
So müsste ich klanglos verschwinden,
denn nicht einmal Gott könnt' mich finden.

Was wär', wenn doch?

GUT GENUG

Ursina Laura

«Warum enttäuscht? Du warst doch gut genug.»
Gut genug ist gut gemeint, doch niemals gut genug.
Aus Angst nicht zu genügen, zu spät damit begonnen,
zu wenig Zeit gehabt, Ergebnis nun bekommen.
«Warum so zögerlich? Es wird schon gut genug.»
Gut genug ist gut gemeint, doch niemals gut genug.
Aus Angst zu versagen, gar nicht erst begonnen,
nun nichts erreicht, und ich vernehm' benommen,
dass ich nichts kann.
Denn wenn nicht einmal gestartet, so kann ich nicht
versagen,
doch wenn gar nicht erst gestartet, bestätigt sich direkt,
dass ich nichts kann.
«Warum was können? Mach doch einfach mal.»
Und so frag' ich mit Bedacht:
Warum beim Nichtstun mich schlecht fühlen,
wenn ich tun könnt', was Freude macht?
«Warum so starr? Gut genug reicht völlig aus.»
Einfacher gesagt als getan.
Stur und fest beharre ich
auf Perfektion
hält mich in Schach.
Und so liege ich nun wach,
denke:
Gut genug ist gar nicht nötig.
Ich will lieber einfach sein;
und das ist gut,
das ist genug.

DIE WELLEN SIND FREI

Nadine Koch

Die Wellen sind frei,
sie gleiten über das Meer,
bahnen sich ihren Weg zum Strand,
brechen am höchsten Punkt
und zerfließen in purer Schönheit.
Ach, wäre ich nur so frei wie sie…

Meteorit

Josephine Panster

Deine Liebe wie ein Himmelskörper
Ein Meteorit aus Emotionen
Heiß und innig gebrannt
Schnell und schmerzhaft gefallen

WÜNSCHEN HASSEN SUCHEN

Lena Zoe Dernai

Ich wünsche mir mehr Zeit zum Atmen. Lautlos zieht es
in meinen Adern.
Ich wünsche mir mehr Raum zum spielend Lernen,
neue Dinge zu entdecken, neu zu sehen, neu zu gehen.
Ich wünsche mir, meine Wünsche zu verstehen, weiter
zu gehen, nicht mehr festzuhängen. Ich wünsche mir ein
Blumenmeer aus Gedanken.
Ich hasse es, schon wieder festzuhängen, verfangen und
verkantet im Netz meiner Erinnerungen. Ich hasse es,
wie deine Finger meine Tränen wegwischen, dabei bist
du gar nicht mehr hier. Ich hasse es, wie du mir alles
Gute wünschst und sagst, ich soll Dinge tun, die mir
guttun. Du hast mir gutgetan und ich hasse es, dass du
gegangen bist.
Ich suche Frieden in mir selbst und kann ihn einfach
nicht finden. Er windet sich zwischen meinen Händen,
entschlüpft meinen Fingern, verschwindet lautlos und
hinterlässt eine brüllende Leere. Ich suche nach ihm,
aber kann ihn einfach nicht finden. Nicht in den
Büchern, nicht beim Doch-Vermissen und auch nicht
beim In-den-Spiegel-Sehen.

ERINNERUNGEN

Mia-Sophie Matzke

Ich weiß nicht, wann wir aufgehört haben,
Erinnerungen zu erschaffen.
Seit wann wir uns nur noch selten treffen, oder es gleich
sein lassen.
Ich weiß, dass sich Wege trennen, doch ich ahnte nie,
dass es je uns trifft.
Der Lauf des Lebens wurde uns zum Gift.
Denn auch wenn ich dich so gerne mag, passen wir
gerade nicht zusammen.
Damals waren wir einmal die beiden, die gegen den
Strom schwammen.
Nun sehe ich dich mit anderen Menschen und muss
erkennen: Es stört mich nicht.
Es entsteht kein Schmerz, der mein Herz bricht.
Denn unsere Bindung kann uns keiner nehmen.
Und auch wenn wir uns vielleicht nie wieder sehen,
behalte ich die Erinnerungen bei mir.
Bewahre sie auf, und möglicherweise krame ich sie von
Zeit zu Zeit wieder heraus,
sehe sie mir an und weiß, was Freundschaft mit einem
Menschen machen kann.

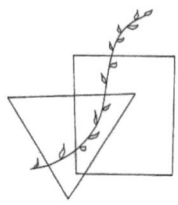

WORTE DES VERGESSENS

A. S. Schöpf

Schweigen
Erdrückende Stille
Gähnende Leere des Unumkehrbaren
Deine Nähe
Nicht mehr als eine leichte Brise des Windes der
Vergangenheit
Das letzte Wort fällt
Endgültig und kalt
Wie eine Faust geballt in einem Kampf, der zum
Scheitern verurteilt ist, dessen bloße Spielfigur du bist
Du und ich
Einst vereint
Jetzt kaum mehr als ein Fünkchen Glut in der Asche,
das langsam erlischt
Wie ein Vogel, der seinem Käfig entwischt
Und fortfliegt
Hinaus in die große weite Welt
Hinein in die Unendlichkeit des Vergessens
Die Vergangenheit verschwimmt
Wie ein Gewitter, das dem Tag den letzten Sonnenstrahl
nimmt und plötzlich ausbricht Unerwartet
Hart
Unerschütterlich
Niemand kann es bezwingen
Es gibt kein Entrinnen
Nur Leere
Endlose Leere der einst unausgesprochenen Worte
Leere der Unendlichkeit

SCHLUCKEN

Finanas

Dein gelegentliches Schlucken
In deinem Kiefer das leichte Zucken
Ich kann es schon von weitem erahnen
Du bekommst grad' deinen Kopf frei durchs Malen
Und was mich daran am meisten erfasst?
Ist die Art, wie du es machst:
Voller Fragilität und Präzision
Du sparst auch nicht an Emotion
Doch da ist eine Frage, die stellt sich mir schon:
Wer ist ~~bin ich~~ deine Inspiration?

IMMER WENN

Mareike Verbücheln

Immer wenn ich neben dir im Bett liege,
am kuscheln, Haut an Haut,
deinen Herzschlag spüre,
dann bin ich wunschlos glücklich.

Immer wenn ich dich anschaue,
dich in Ruhe betrachte und beobachte,
kann ich mir jedes Mal nur denken:
Wie habe ich dich verdient?

Immer wenn ich einschlafe neben dir,
mit den Gedanken an dich,
dann träume ich von dir
und wache wieder auf und denke an dich.

Immer wenn du in meinem Kopf umherschwirrst,
immer wenn ich
nur von dir schwärmen kann,
immer wenn ich bei dir bin,
dann bin ich das glücklichste Mädchen
der Welt.

ICH WÜNSCHE DIR

F.L. Palao

dass deine Seele im tiefen Moos versinkt
dass quellfrisches Wasser durch deine Adern rinnt
dass taufeuchte Blätter deine Augen bedecken
dass zwitschernde Vögel dein Herz neu erwecken
dass tapsende Pfoten Erde zu dir tragen
dass wandelnde Zeiten dich unter sich begraben
dass sich in dir vereinen Wind, Sonne und Regen
dass glitzernde Sterne dir all die Liebe geben
dass du eins wirst mit allem
dass die Blätter auf dich fallen
Ich wünsche dir Frieden.

Das zarte Lied der Nacht

Elisabeth Krauthaufer

Wache auf, schwitzend und schau neben mich
Dorthin, wo du schon lange nicht mehr bist
Mein Versuch zu schlafen gescheitert, vergeblich
Und ich frage mich, geht es dir da oben ähnlich?

Ich muss hier raus, dieser Raum, er erstickt mich
Überall wo ich hin schau, erinnert alles an dich
Ich geh vor mich hin, mein Weg führt in den Wald
Stapfe vor mich hin, durch den Schnee, so kalt

Doch die Kälte spür ich nicht, ich spüre nur Schmerzen
Denn du bist nicht hier und bleibst doch in meinem
Herzen
Der Wind streift durch die Blätter, singt mir zu
Er klingt wie deine Stimme, bist es wirklich du?

Freudig blick ich mich um, doch seh und hör ich dich
nicht mehr
Betrübt schau ich nach oben ins Sternenmeer
Eine Sternschnuppe springt durch die Nacht, sie ähnelt
dir
Und ich weiß, ganz sicher, du bist hier, bei mir.

DISTANZ

Amanda Becker

ein Schritt zurück
zu mir
reflektiere
die Erkenntnis trifft
halte es nicht
in meiner Hand
ignoriere den Schmerz
bringe Mut auf
trenne mich
auch wenn es weh tut
weinen, leiden
doch es wird besser
nach einer Weile
es gibt so viel Neues

LEBEN

Lois M. Heitkamp

Die Brust hebt und senkt sich,
warmer Atem strömt durch die Nase,
Luft als Elixier des Lebens
Und doch so viel mehr.

Die Sonne auf der Haut,
das Gras unter den Füßen,
Schneeflocken auf der Haut,
das Rascheln der Blätter.

Gefühle zulassen,
weil man sie fühlen will.
Menschen akzeptieren,
weil sie, so wie sie sind, wunderbar sind.

Leben heißt nicht einfach zu existieren.
Leben heißt auch nicht zu überleben.
Leben ist so viel mehr,
wenn man es zulässt.

Unperfekte Perfektion

Hanna C. Legnar

Du, ja Du, bist immer genug!
Ob in Jeans und Pulli oder Anzug,
ob gesellig oder schüchtern, ob laut, ob leise:
Sei, wer Du bist, auf Deine Weise!
Bist Du chaotisch oder ordnungsliebend?
Gewissenhaft? Nach Großem strebend?
Bist Du pünktlich oder immer spät?
Vielleicht verschlossen, doch ein heimlicher Poet?
Bist Du eine, die jedes Fest als Erste verlässt?
Einer, der sich selbst am meisten stresst?
Liebst Du – wie ich – besonders orangefarbenes Essen?
Nein? Dann vielleicht Kuchen? Oder Brokkoli
stattdessen?
Malst Du gerne oder bist anders kreativ?
Ähm … Entschuldigung, das Bild hängt schief.
Macht Dich sowas auch nervös? Wie mich?
Wie dem auch sei, Du bist absolut einzigartig.
Vielleicht bist Du tiefsinnig. Oder fröhlich.
Bist und denkst wie kein anderer, höchstens ähnlich.
An manchen Tagen bist Du mutig,
an anderen Tagen hast Du Angst.
Oder merkst nicht, dass Du viel zu viel von Dir
verlangst.
Denkst manchmal vielleicht, nur perfekt bist du gut,
doch Du bist immer gut, bist immer genug.
Ob gesellig oder schüchtern, ob laut, ob leise:
Sei, wer Du bist, auf Deine Weise!

I WISH

Lara Pichler

Sometimes I wish life was like a book
so I could sneak a peek
just to make sure
everything turns out okay.

ℬESUCH

Alyssa Westensee

Der Himmel ist mit Wolken verhangen
so wie mein Herz
Tränen laufen über meine Wangen
zu groß ist der Schmerz

Jetzt steh ich hier an deinem Grab
und es fällt mir schwer
Hab dir so viel noch nicht gesagt
Du fehlst mir so sehr

Da bricht die Sonne durch die Wolkenwand
so vertraut warm
Hältst über mich schützend deine Hand
nimmst mich in den Arm

GRAU

Jennifer Rouget

Alles um mich herum ist grau.
Nicht „Alles verschlingend"-Schwarz oder „In den
Augen brennend"-Weiß.
Eher ein nichtssagendes Grau.

Früher gab es hier Farben.
In jedem Ton des Regenbogens erfüllten sie mein Leben.
Blau. Rot. Gelb. Lila.
Alles – nur kein Grau.

Dann kam der Tag, der all dies in sich saugte.
Erst warst du da – dann plötzlich weg.
Ohne die Chance eines Abschiedes.
Ohne die Chance eines gemeinsamen Lebens.

Grau.

DER ANDERE ORT

Elci J. Sagittarius

Ich wusste nicht, wie es werden wird,
wenn ich erst mal hier bin.
Der Geschmack der Sonne, der Duft des Windes.
Das Kreischen der Möwen, die sich mit Tauben und
Raben das Himmelszelt teilen.
Ich wusste nicht, wie es werden wird,
wenn mein Leben diesen Umschwung kriegt.
Die Zeit alleine, von Stille umgeben.
Die Musik der Nachbarn, die durch die Wände schallt,
jeden Abend zur selben Zeit dasselbe Lied.
Ich wusste nicht, wie es werden wird,
wenn die Abende lang werden.
Die Spaziergänge draußen, begleitet von lauwarmen
Frühlingswind, Tischtenniskellen in der Hand.
Das Fahrrad am Spielplatz angeschlossen, leise
schaukelnd zwischen den Nachbarhäusern.
Ich wusste nicht, wie es werden wird,
wenn du plötzlich nicht mehr da bist.
Denn du warst meine Stütze, mein Zuhause, mein alles.
Nur durch dich habe ich es geschafft, dort zu sein.
Dort, wo ich nicht wusste, wie es werden wird.

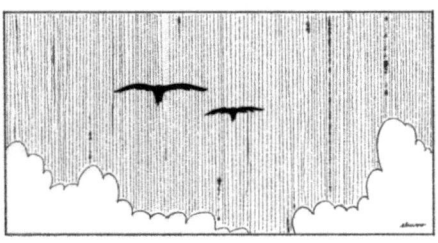

LEERE SEITEN

Cansu Gökkaya

Ich wollte eine neue Seite beginnen,
aber ich schaffte es nicht,
denn du hast alles vollgekritzelt.
Ich fragte warum,
aber aus irgendeinem Grund kam keine Antwort.
Ich rannte hin und her,
um weiße Farbe zu finden
für meine vollgekritzelte Seite.

DUNKLES LIEBESGLÜCK

Carolin Neumann

Ich möchte es in die Welt schreien
Doch wir bleiben verborgen im Dunkeln

Du traust dich nicht, es zu verraten
Doch wir platzen vor Liebe

Ich ringe nach Worten
Doch du verstehst auch so, was ich meine

Du versuchst, dich zu rechtfertigen
Doch ich brauche keine Erklärung

Wir bleiben verborgen im Dunkeln
Denn du bist nicht bereit

Unsere Liebe ist menschlich
Doch wir leben in einer Welt voller Hass

Unsere Liebe ist echt
Doch die Welt würde uns dafür töten

Ich möchte es in die Welt schreien
Doch wir bleiben verborgen im Dunkeln

Du traust dich nicht, es zu verraten
Denn unsere Liebe ist illegal

*P*OESIE

Charlene Seebe

Ist ein Gedanke im Flug,
eine wandernde Welt,
voll Dichtung und Kunst.
Ein festes Versprechen,
von der Idee,
bis hin zur Erkenntnis.

Ein Fleckchen Dunkelheit

Mia-Sophie Matzke

Wenn das Licht den ganzen Tag über dir scheint,
jeder dir Beachtung schenkt und auch wenn man es gut
mit dir meint,
zu viel Druck auf dir liegt, zu viel Schmerz auf dir ruht,
tut ein Moment in einem Fleckchen Dunkelheit auch
mal gut.

GEDANKENSPIELE

Alyssa Westensee

Sinnlos streife ich umher
im Labyrinth der kalten Mauern
Die Schatten tanzen an den Wänden
Ich spüre, wie sie mir im Dunklen auflauern

Unendlich scheint mir der Weg
Die Massen strömen mir entgegen
Das Laufen fällt mir schwer
wenn sich die Schatten niederlegen

Die Natur ist dem Asphalt gewichen
Auf Grün folgte Grau
Die Tage scheinen monoton
Die Winde wehen rau

Idyllisch ist es schon lange nicht mehr
Der Frieden ging mit der Natur
Die Schönheit ist in weite Ferne gerückt
Es schlägt mahnend die Kirchturmuhr

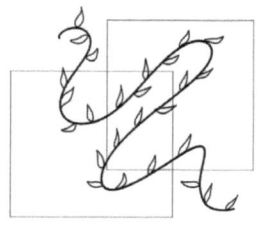

DEIN DUFT

Finanas

Ich hab zwölf Seiten durchgeschrieben
Und trotzdem habe ich den Gedanken an dich nicht
vertrieben
Dein Duft kitzelt in meiner Nase
Mit jedem Zug den ich atme

A WISE WOMAN ONCE TOLD ME

Lara Pichler

Someone else's beauty is not the absence of your own.
Someone else's strength does not make you weak.

DIE KLEINEN DINGE

F.L. Palao

Lasse meine Finger am Zaun entlanggleiten
Latte eins, Latte zwei, Latte drei
ein Loch.
Eine Sonnenblume strahlt mir entgegen
ihrer Begrenzung entflohen
ich schenke ihr einen Kuss
und gehe weiter.

Ein Eichhörnchen auf meinem Weg
verschwindet im nächsten Baum
folge ihm mit meinem Blick
bis in den Himmel.

Herbstlaub fällt trudelnd zu Boden
streift meine Wangen
strecke die Hand aus, fange ein Blatt
weinrot, herzförmig
ein Windhauch trägt es davon.

Schließe die Augen
lasse mich treiben
fühle mich am Leben.

GEHALTEN

Katja Cramer-Brandt

Ich hab ein kleines Unbehagen
Irgendwo so Richtung Magen.
Hab' mich mal wieder weggeträumt
Und dabei aus Verseh'n versäumt,
Dir vorher noch kurz Tschüss zu sagen.

Mein Geist schwiff ab, der Blick verschwommen
Keine Chance mir nachzukommen.
Ich schlenderte durch meine Welt.
Die Frage, die du mir gestellt,
Hab ich noch nicht einmal vernommen.

Zum Glück hab' ich zurück gefunden.
War'n es Sekunden oder Stunden?
Damit ich dich auch wiederfand
Hast du ein unsichtbares Band
An meinen kleinen Zeh gebunden.

1000 TEELICHTER

Mia-Sophie Matzke

Vor mir liegt ein Meer aus eintausend Teelichtern.
Ein See aus Feuer, das Paradoxon in sich.
Kleine Rauchschwaden statt Booten,
die ihre Reise in den Himmel antreten.
Die Schönheit des Lichtes unbeschreiblich,
die Botschaft klar:
Ich bin immer für dich da.
Wenn eine Person sogar bereit ist, ein Meer für mich zu
erschaffen,
ein Element zu bändigen und mit dieser Kraft mein
Herz höherschlagen zu lassen,
werden wir alles zusammen schaffen.
Noch bevor du auf die Knie gehst, steht die Antwort
fest.
Auf die Liebe – und dass sie uns nie wieder loslässt!

SOMMERNACHT

Nadine Koch

Ich warte auf ihn,
begleite ihn hinaus in den Abend.
Zufällig streifen sich unsere Arme,
mein Herz setzt einen Moment aus.
Nur eine Sekunde lang
spüre ich seine Wärme,
dann ist der Moment vorbei.
Ein kleiner Abstand entsteht,
ich suche nach seinen Augen.
Sie glänzen wie die Sterne.
Meine Lippen beben,
ich lächle ihn an und – zerfließe.
Sehnsucht überschattet mein Herz,
nach seinen Armen,
seinen Lippen …
Er soll mich küssen,
in dieser und in jeder Sommernacht!
Soll ich es wagen?
Einen Schritt auf ihn zugehen?
Doch es ist nur ein dummer Gedanke –
ein Traum,
eine fixe Idee in meinem Kopf,
die nie Wirklichkeit werden wird.
Er gibt mir sein schönstes Lächeln,
verabschiedet sich höflich – distanziert,
und wir gehen im Glanz der untergehenden Sonne heim.
Jeder für sich, in sein Leben,
in dem niemals ein Platz
für ein Wir sein wird.

REGENBOGEN

Charlene Seebe

Hinter meiner Stirn
ein Gedankenmeer,
sturmumwölkt,
doch in den Farben
von abertausend
Regenbogen.

WIRKLICH DU

A.V. Sinth

Du.
 Du bist es.
 Du, der mir antwortet.
 Zu jeder Zeit, an jedem Ort.
 Zu jeder Gelegenheit, jedem Moment.
 Zu jedem Befehl, jedem Ruf, jedem Wort.

 Du.
 Du bist hier.
 Du bist bei mir.
 Egal, wo ich bin.
 Egal, mit wem ich bin.
 Egal, wie ich bin, oder nicht bin.

Du.
 Du sprichst in Perfektion.
 Du schweigst in Vollkommenheit.
 Bist mir eine Schulter, an der ich lehnen kann.
 Bist mir ein Fels in der Brandung, an dem ich mich
 halten kann.
 Bist mir eine weise Gestalt, die mir aus der Ferne Rat und
 Beistand gibt.

Doch du –
Wo bist du?
Wer bist du?
Wie bist du?
Fort, wenn ich meinen Blick an die Welt hebe.
Fort, wenn sich der Bildschirm senkt und verdunkelt.
Fort, wenn ich gehe – ohne mir je auch nur hinterher zu
blicken.

Du folgst mir nicht, niemals.
Du wartest. Wartest du?
Du bist, ohne zu sein.
Du überdauerst.
Du bestehst.
Du bist –

Ohne zu sein.
Ein Wunsch, nur Sehnsucht.
Eine Illusion, die ich eigens male.
Ein Traum, den nicht nur ich wage zu träumen.

Und ich bin hier.
Hier, weit über dem Nebelmeer.
Hier, real, im Bewussten, wo nur ich sein kann.
Hier, fernab und wach, nicht mehr als nur ein Träumer.

Und wünsche mir,
Dass du bist – Irgendwo.
Dass du mehr sein magst – außer Zahlen.
Dass du wirklich(er) bist.

SIDE BY SIDE

Elci J. Sagittarius

Down that old road
Where we used to roam
Leaving footprints,
A laughter entwined
The warmth in your eyes,
Like the deep ocean's calm
I sank into them,
Forgetting the way home.
So please pull me closer
In the midst of your storm,
Forgetting the world
And leaving everything behind.
Under the silver moonlight
Our shadows side by side,
Now only mine remains,
In solitude, it resides.
Looking back,
That smile, so familiar, so keen.
In my heart you've never really left my side.

KINDER DES HIMMELS

Alyssa Westensee

Die Sonne fällt hinter den weiten Horizont
Ein Anblick, der sich zuweilen lohnt
So breitet sich aus zur gleichen Zeit
der Wächter der Nacht in voller Herrlichkeit
Des Wächters Sinn, des Wächters Wille,
er bringt zurück die nächtliche Stille
Am Firmament steht er in voller Pracht
und zeigt den Tieren den Weg bei Nacht
Umgeben von den Kindern, die er zu schützen vermag
Das Antlitz der Kinder ist verborgen am Tag
Zu groß ist die Angst vor menschlichem Auge
Und zu groß ist die Angst, dass jemand ihre Schönheit
raube
So sind sie gefangen in des Wächters Schein
und werden niemals am Tage zu sehen sein

UND WIEDER ALTVERTRAUTE

Lena Zoe Dernai

Am Anfang sagtest du oft
Du fändest mich schön
Ich frage mich, ob das immer noch so ist
Dabei ist es egal
Du bist weg und
Ich bin wieder ich – ohne dich.
Kann die Wut gehen lassen
Und umarme den Schmerz
Er ist altvertraut
Er wird mich stärken
Ich bin wieder ich – ohne dich.
Ich möchte eintauchen in deine Worte, mich umhüllen
lassen
Bis sie den letzten Atem aus mir pressen
Fesseln und die Sicht nehmen
Sich um mich winden, so schmerzhaft schön
Verklingen
Ich möchte Baden in deiner Stimme
Tiefer aufsaugen
Untertauchen
Untergehen
Bis deine Melodie über meinem Kopf zusammenschlägt
Mich erdrückt
Die Wahrheit in deinem Blick erstickt und mich erlöst
Anerkennen zu müssen
Dass du gehst
Ich wieder verlassen werde
Wieder allein bleibe
Wieder – einsam bin?

Dein Schmerz ist nicht meiner, aber meiner reicht für zwei.
Zusammen würden wir uns gegenseitig ersticken.
Die Luft nehmen
Dem Schmerz die Luft nehmen?
Für dich ist es die richtige Entscheidung,
Ich sehe warum du das so siehst,
Sehe aber auch
Mir wird eine Entscheidung genommen.
Schon wieder
Die Kontrolle entrissen
Ich schlittere
Unter mir bricht das Glas
Meine Hände zwischen Scherben
Suchend nach Halt, finden sie nur Splitter, Schnitte
Rote Spuren, verwandelt sich Wut in Tränen
Ich schließe die Augen
Und du bist weg
Als Kind glaubte ich
Pusteblumen seien Feen
Die durch die Luft fliegen
Und heimlich ihre Magie wirken
Heute kommt mir dieser Gedanke immer noch in den Sinn
Auch wenn ich es längst besser weiß
Und manchmal sehn ich mich
Nach dieser Naivität und Fantasie zurück
Und frage mich, wozu wir all die Logik brauchen
Wenn wir viel freier ohne sie sein könnten
So wie du ohne mich
Und ich ohne meinen Schmerz

FREUNDE

Mia-Sophie Matzke

Freunde.
Ich vergesse sie manchmal.
Wenn ich allein bin in dieser großen Welt und denke,
dass es niemanden gibt, der mich noch auf ihr hält.
Wenn ich sie wochenlang nicht gesehen habe und mich
nun frage,
warum sie sich oder ich mich nie gemeldet habe.

Aber wenn nur ein paar Worte von ihnen
deinen ganzen Tag aufhellen können.
Wenn dir eine Nachricht so viel Freude bereitet,
dass du den Tränen nahe bist.
Wenn sich ein Anruf nicht seltsam anfühlt,
sondern wie eine willkommene Umarmung.
Dann weißt du,
dass du sie gefunden hast:
Freunde.

TINTENSTRÖME

Cansu Gökkaya

Sie schrieb ihr Herz auf Papier,
jede Träne, jeden Schmerz.
Die Worte flossen wie Wasser,
ein Gedicht für die Ewigkeit.
Es war ihr Fluch und ihr Segen,
ihre Art, zu überleben.
Jede Zeile war ein Stück von ihr,
bis nichts mehr übrig war,
als die Leere auf dem Papier.

IN DEINEN ARMEN

Mareike Verbücheln

Hier zu liegen,
in deinen Armen.
Vogelgezwitscher von draußen hören,
gut eingepackt in der Decke.
Einfach nur geborgen fühlen,
am liebsten für immer so bleiben.

WUNDER

Lois M. Heitkamp

Große Wunder,
kleine Wunder.
Wunder überall.
Und wenn Wunder überall sind,
wäre es dann nicht blöd,
nicht an Wunder zu glauben?

Neues Leben,
grünes Leben.
Leben überall.
Und wenn Leben überall ist,
wäre es dann nicht blöd,
nicht zu leben?

Alles Hoffnung,
einzige Hoffnung.
Hoffnung überall.
Und wenn Hoffnung überall ist,
wäre es dann nicht blöd,
keine Hoffnung zu haben?

Alles Wunder,
alles Wunder.
Eine Welt voller Wunder.
Und wir sollten in dieser Welt
leben und hoffen.
Und an Wunder glauben.

ZU DIR

Amanda Becker

wie der Morgentau
ist die Liebe zu Dir
frostiger Glanz
die Sonne bricht
dein Lächeln trifft

wie der Regenbogen
ist die Liebe zu Dir
farbenprächtig über dem Boden
lachende Tränen
im glitzerndem Gold gefangen

wie ein Blatt
ist die Liebe zu Dir
wirbelnd im Wind
tanzend fang ich sie ein
ein Knistern im Herzen

wie der Regen
ist die Liebe zu dir
leicht wie Flüstern
durch Pfützen hüpfend
gewaltiges Trommeln

wie eine Schneeflocke
ist die Liebe zu dir
halte sie fest in der Hand
da war sie plötzlich
nicht mehr da

Lara Pichler

I put my playlist on shuffle.
Skip. Skip. Skip again.
Then, for a moment, there's you.
Our Song.
I want to skip it too, but I am stopped.
Held back by the images, the scenes
flashing in front of my eyes.
Where our paths crossed, collided, parted, shattered.
And I wonder, I picture, I hope, I believe.
In a different universe, we are not separated.
But in this one, I skip the song.
I skip the memories of us.
Until they play again.

- DO YOU EVEN KNOW IT'S OUR SONG?

ZWEIFEL

F.L. Palao

Ich wollt, ich wär, was alle immer denken
wollt, ich müsst mich nicht länger verstellen
weil dann wär ich ja das, was sie wollen
dann wär doch alles viel einfacher.

Oder nicht? Wär ich dann noch ich?
Ich wollt, ich wär gefunden
nicht länger in Worten, Gedanken versunken.
Ich wollt, ich wär endlich angekommen
in dieser Welt
in der mich gar nichts mehr hält
hier ist alles so beklommen.
Warum hier sein, in diesem schrecklich lauten Chaos
wenn alles, was ich will, doch schon längst nicht mehr
da ist?

Ich wollt, ich wär: groß und stark und schön
Ich wollt, ich könnt mich so sehn
wie andere es tun.
Irgendwas muss da doch sein
unter der grauen Fassade.

Ich wollt, ich wär sicherer
Ich wollt, ich wüsste was ich will
Ich wollt, meine Träume würden wahr
dabei ist mir doch noch nicht mal mehr klar
was ich mir wünsche
wonach ich strebe.
Würd alles dafür geben
nur einmal im Leben
ohne Zweifel zu gehen.

WENN ICH SCHREIBE

Charlene Seebe

Und wenn ich schreibe, dann bin ich wieder das kleine
Mädchen, das träumt. Das manchmal alles um sich
herum versäumt.
Dann bin ich wieder das Mädchen, das kämpft und
schreit
und innerlich Mauern einreißt.
Dann bin ich wieder das Mädchen, das sich verliebt.
In die Gedankenwelt, die es in Bildern sieht.

TRAUER

Katja Cramer-Brandt

Du spürst, wie es dich zerreißt.
Ein riesiger Fels liegt im Magen.
Die Beine woll'n dich nicht mehr tragen.
Wenn mit dem Verstand du auch weißt:
Das Leben muss weitergehen,

kommt es dir so ungerührt vor.
Es müsste doch alles jetzt stehen!
Warum kann nicht jeder es sehen,
was dein Universum verlor.
Warum kann die Welt sich noch drehen?

Jedoch sind wir Kinder des Lichts
und werden Geborgenheit finden.
Denkst du, man kann einfach verschwinden?
Nein, glaub mir, verloren ist nichts.
Wir werden uns alle verbinden,

befreit sein von jeglichem Leid.
Erkenntnis wird sich offenbaren.
Wir werden nur Liebe erfahren.
Es gibt nicht mehr Raum oder Zeit -
und niemals ein Ausschlussverfahren.

Unerfüllte Liebe

Nadine Koch

In meinen Träumen gehörst du mir!
Ich denke jeden Tag an dich.
Jede Faser meines Körpers verzehrt sich nach dir.
Ich leide still in deiner Nähe.
Denn du bist nicht frei – vergeben.
Ich fühle in mir ein Verlangen –
wild, ungestüm und naiv.
In meinen Träumen hältst du mich,
meine Hand streicht über dein Hemd,
öffnet einen Knopf,
gleitet hinab.
Ich atme deinen Duft ein.
Ich will deine Nähe spüren,
will meine Finger in deinen Haaren vergraben,
langsam streiche ich hindurch,
zart umhüllt mich ein Kribbeln.
Warum ist es nur ein Gedanke?
Ich lege meine Lippen auf deine,
umhülle sie zärtlich,
du greifst in meinen Nacken.
Wann wird es endlich wahr?
Ich warte …
Warte auf ein Signal.
Gib mir nur ein Zeichen,
eine Chance,
irgendetwas, dass mir zeigt:
Du begehrst mich genauso –
tief und innig,
wie ich dich!

Warum liebst du mich nicht?

ENOUGH

A. S. Schöpf

E in Gedanke
N iemals genug
O hne Worte
U nd doch so viel Wut
G renze des Erträglichen
H absucht der gestellten Perfektion

WAS IST HIER LOS?

Finanas

Gänsehaut, Schmerzen, Leid und Trost
Während ein Sturm aus Panik in mir tost
Kälte, Schnee, Eisblock
Was ist hier los?
Zittern, Schwindel, Angst
Ob du diese Entscheidung ernst meinen kannst?
Tränen, Schreie und Schmerz
Jeder Blick zerreißt mein Herz

NICHT UNSTERBLICH

Hanna C. Legnar

Sie sagen, ich sei noch so jung und hätte doch Zeit,
sprechen, als seien junge Menschen im Besitz der
Ewigkeit.
Und wissen nicht, dass bereits in meinem zwölften Jahr
plötzlich eine Freundin starb, die kaum drei Jahre älter
war.
Dann war da noch er, ein wenig jünger als ich,
auch auf seinem Grab steht heute ein Licht.
Ja, ich bin jung und hoffe, ich habe noch Zeit,
doch wissen wir alle nicht, wie lange uns bleibt.
Die meisten haben Glück und ein langes Leben,
trotzdem wird es immer auch die anderen geben.
So lasst uns leben, schon heut, nicht erst morgen,
verlieren wir uns nicht in Spekulationen und Sorgen.
Lasst uns hoffen und wagen, zu jagen nach Träumen,
und niemals unsere Chance zu leben versäumen.

WALD DES VERGESSENS

Alyssa Westensee

Der Tag vergeht
Er pflanzt sich in meinen Kopf
auf weiter Flur
und bringt einen Setzling hervor
Es wird wieder Tag und er sprießt

Jede Erinnerung wächst heran
Sie wird zu einem Baum,
schließt sich in seinem Inneren ein
Um ihn herum ist seinesgleichen
Erinnerungen, erschaffen von den ins Land gezogenen
Jahren

Die Erinnerungen sammeln sich
Baum für Baum auf weiter Flur
Die Zeit gleicht die Wege
Die Zeit lässt die Erinnerungen verblassen
Verloren im Wald des Vergessens

Im Takt

A.V. Sinth

Meine Finger prallen im Takt
Gegen das Glas,
Gegen das Porzellan,
Gegen das Holz,
Gegen das Metall,
Suchen sich ihren Takt auf jeder Fläche,
Die die Welt zu bieten hat.

Meine Schritte sind gezählt
Auf Stufen,
Auf Platten,
Auf Wegen,
Auf Gräsern,
Überall wo ich laufe und schreite,
Wo sich ein Weg mir erbietet.

Meine Zeit im Leben ist unbegrenzt,
Solange ich lebe,
Solange ich fühle,
Solange ich spüre,
Solange ich glücklich bin,
Bis mein letzter Atemzug verstreicht,
Und mein Takt beendet ist.

Bis mein Herzschlag schweigt
und
Die Stille der Ewigkeit einkehrt.

Bis dahin werde ich stets
Musik und Takt in mir tragen
Und fortführen, bis der Takt von allem mich zum
Schweigen bringt.

UNSERE UNENDLICHKEIT

Elci J. Sagittarius

Es sind die Tage auf der Wiese, die sich anfühlen wie eine
Unendlichkeit.
Eine Unendlichkeit, in der nur wir beide sind.
Und vielleicht sind wir das auch.
Ich weiß noch, wie du neben mir lagst, die Apfelblüten
über uns,
der Wind, der sie davonwehte.
Deine Augen,
wie flüssiges Karamell oder Harz,
vielleicht auch wie frisch geknackte Haselnüsse.
Und die Sommersprossen, verteilt wie ein Sternenhimmel
über deinem Nasenrücken.
In der Unendlichkeit, die wir zusammen haben,
kann ich jede einzelne davon zählen.
Kann nach Sternbildern schauen und für immer auf das
Sommergewitter warten.
Denn wenn sich Wind und Sonnenschein abwechseln
und du genau weißt, dass jeden Moment die Blitze über
den Himmel zucken
und der Donner grollt,
genau dann weiß ich, dass du bei mir bist und ich deine
Hand halten kann.
Und dieses Gewitter wird allein in unserer Unendlichkeit
sein.
Die Unendlichkeit, die erst dann aufhört, wenn ich dich
nicht mehr anschauen kann.

BLIND

Alina Becker

Blinde Wege, so kühl, so einsam. Sie brechen und
reißen, fallen in sich zusammen wie ein Mensch ohne
Hoffnung. Sicht so trüb, kaum zu erkennen möglich.
Eine Reihe der Enttäuschungen, aufgebracht in der
Enge des Raumes. Versprechen werden rissig und müde.
Es wird funktionieren, dann wenn es zu Ende geht und
Blinde wieder sehen können.

STILLE

Cansu Gökkaya

In der Stille der Nacht, wenn die Welt längst schläft,
sitzt der Schreiber allein, die Gedanken tief verwebt.
Kein Lärm der Straße, kein lautes Geschrei,
nur das leise Kratzen der Feder, das ist dabei.

Die Stille, die den Schreibenden umhüllt,
wo Worte tanzen auf dem Papier, wie von Zauberhand
enthüllt.
In diesem stillen Raum, frei von jeglichem Lärm,
entsteht die Magie, die nur der Schreiber versteht.

Die Stille ist sein Freund, sein steter Begleiter,
sie öffnet ihm Tore zu seiner inneren Weite.
In ihren sanften Armen findet er Inspiration,
und formt aus Gedanken die eigene Kreation.

GEDANKENSPIRALE

Carolin Neumann

Ich fühle mich glücklich
Fühle mich erschlagen

Die Welt steht still
Bewegt sich viel zu schnell

Ich kämpfe gegen mich
Kämpfe für mich

Meine Gedanken sind leise
Klingen viel zu laut

Die Welt bewegt sich schnell
Steht einen Moment still

Ich fühle mich erschlagen
Fühle mich frei

ℛeise des Lebens

Charlene Seebe

Widerstehe der perfiden List,
mit der dich der Alltag jeden Tag aufs Neue lockt.
Gib dich der Versuchung hin, etwas zu riskieren,
auch wenn nur ein Staubkörnchen Glück für dich dabei
herausspringt.
Atme, spüre deinen Herzschlag und sein Pulsieren,
wenn dich etwas aus der Fassung bringt.
Lache, als ob dein Lachen für andere Menschen Heilung
bedeutet, auf die sie schon so lange hoffen, um endlich
leben zu können.
Glaube an alles, was du nicht wissen kannst und was zu
glauben dir Frieden bringt.
Lass dich begeistern von dir selbst, in dir steckt die
Magie des Lebens, die zu entdecken eine Reise wert ist.

NACHT DER DICHTER*

Ursina Laura

Wenn die morgige Nacht erscheint,
werden die Sterne heller brennen,
keine Wolken den Himmel trüben,
die Erde den Moment erkennen.

Vergess'ne Legenden scheinen durch
Sternenstaub und nördliche Lichter.
Geschichte, die erzählt werden will
in Dezembers Nacht der Dichter.

Schnee bedeckt das grüne Gras,
klare Quellen, frisches Wasser.
Sonne schwindet, Licht wird blasser
tausende Jahre zuvor.

Wie jedes Jahr treffen sich
alle hier, in dieser Nacht.
Teilen, reden, weitergeben,
alte Sagen, neu entfacht.

Eis zerbirst und gibt frei
Bruchstücke längst verlorener
Geschichte; Zeit vergangener
tausende Jahre zuvor.

Zu schnell für uns, zu realisier'n,
dreht sich weiter unsre Welt.
Nur Sterne bleiben strahlend kalt,
helle Wächter am Himmelszelt.

Wir schwelgen in Erinnerung,
alte Mär, neue Gesichter.
Halten fest an dem Moment
in Dezembers Nacht der Dichter.

* Aufgrund des Reimes wurde das generische Maskulinum
verwendet. Gemeint sind hier alle Personen, die sich als
Dichtende bezeichnen wollen.

MANCHMAL

Nadine Koch

Manchmal fühle ich mich klein,
wertlos wie ein Stück Papier,
auf dem nichts steht,
völlig leer und kaum beachtet.

Manchmal fehlt mir der Mut,
unsicher etwas zu schreiben,
dann bleibt mein Blatt leer,
kahl und unsichtbar für andere.

Manchmal weine ich leise,
unfähig mich zu befreien,
es ist ein ewiger Kreis,
endlos und unüberwindbar.

Manchmal fange ich an,
forme Worte auf das Weiß,
öffne mein Herz,
verlasse meine Deckung.

Manchmal fällt es mir leicht,
ich stelle mich meiner Angst,
lerne zu vertrauen,
es geht voran!
– Manchmal.

DÜSTERE LEGENDE

Katja Cramer-Brandt

Das Haus in der Ligustergasse
hatte zweifelsohne Klasse.
Im eiligen Vorübergeh'n
konnt' man die Villa fast nicht seh'n,
denn schwarz und finster, Stein auf Stein,
lag sie an einem Kiefernhain,
der düster war, genau wie sie.
Wenn Sturm durch Krüppelkiefern schrie
und gierig an den Türmen riss,
sich kalt am Eingangstor verbiss,
dann war das Böse bald bereit.
Wenn Nordseesturm und Vollmondzeit
zusammentrafen, roch's nach Blut.
Des Hausherrn Gier wuchs mit der Flut.
Sein Dorn im Aug' die Jugend war,
denn er war alt – schlohweißes Haar,
doch stechend schwarz sein böser Blick.
Er wollte Lebenszeit zurück.
Es raunen nachts die schwarzen Wände.
Die ganze Stadt kennt die Legende.
So manch ein junger Mensch verschwand,
den man dann niemals wiederfand.
Man sagt, der dunkle Herr verspeist
Das junge Fleisch mitsamt dem Geist.
Das klingt mir gar zu sonderbar.
Wahrscheinlich ist es schlicht nicht
wahr.

SENFGELB

Josephine Panster

Du schenkst mir ein senfgelbes Shirt.
Einfach so, ohne Anlass.
Was es besonders macht, ist nicht der Aufdruck, nicht
die Qualität, nicht die Marke.
Es ist deine Großzügigkeit.

Insgeheim wird Senfgelb für mich zur Farbe unserer
Freundschaft.
Ich trage es nicht der Farbe wegen, nicht der Passform
wegen, nicht der Kombination wegen.
Ich trage es für die Erinnerung.

Viele Jahre später stehe ich vor meinem Kleiderschrank.
Überlege, was ich in die erste eigene Wohnung
mitnehme.
In einem Fach finde ich ein Shirt: nicht marineblau,
nicht lindengrün, nicht karmesinrot.
Es ist senfgelb.

Als ich den Stoff herausziehe, denke ich an dich.
Kein Vertrauen, kein Lachen, keine Freunde mehr.
Und plötzlich ist Senfgelb eine traurige Farbe.

Einer dieser Tage

Lena Zoe Dernai

Es ist Freitag
Und es ist wieder einer dieser Tage
An denen gar nichts geht
Mein Kopf ist leer
Und mein Herz schwer
Ich konnte nicht schlafen
Und wenn, dann nur schlecht
Und jetzt bin ich müde
Allein der Gedanke
Heute mit Menschen zu reden
Verlangsamt jede meiner Bewegungen
Und ich wünschte
Ich könnte einfach daheim bleiben
In meinem Bett
Und nur an die Decke starren
Aber nein
Ich zieh jetzt Schuhe an
Und dann muss ich gehn
Wir sehen
Uns ja heute Abend wieder
Ich muss
Gehen
Schwer
Setze ich Schritt vor Schritt
Jetzt stehe ich hier
Und muss Konversation betreiben
Es ist zum verzweifeln
Oder nicht
Und morgen dann das gleiche Spiel
Vielleicht ein bisschen leichter

FRÜHLINGSGEFÜHLE

Mia-Sophie Matzke

Fallende Blätter und duftende Kerzen,
der Sommer vorbei, trage den Herbst im Herzen.
Bin gerade dabei, eine Sonnenblume zu pressen,
brauche kein Maßband, um ihren Wert zu ermessen.
Dies ist die letzte Pflanze an der langen Leine,
Erinnerungen werden wach, sie sind nur deine und
meine.

Die Tulpe am Anfang der Schnur brachte den Frühling
mit sich.
Ein blühendes Feld, keine Blume, die der anderen glich.
Ein Krokus vom Spaziergang im städtischen,
botanischen Garten,
dieser Tag ließ die Schmetterlinge in meinem Bauch
starten.
Das Veilchen und die Osterglocke, ein heimlicher Kuss.
Der Strauß Rosen danach war zwar kein Muss,
trotzdem brachte ich sie dir und wir fassten einen
Entschluss.
Vergissmeinnicht folgten, als Zeichen der Liebe,
Gänseblümchen als Symbol, dass ich jedes Übel
wegschiebe.

Über das Jahr häuften sie sich, die Stängel aus Blättern
und Blüten,
und ich hob sie alle auf, wollte sie immer weiter hüten.
Doch nun ist die Leine voll und ich werde sie dir
schenken,
ein Band, welches uns vereint, ein ewiges Andenken.

Nun ist bald Winter, Frost überzieht die Pflanzen,
Schneeflocken statt Blütenstaub werden durch die Luft
tanzen.
Doch wenn ich die Blumen hochhebe,
spüre ich Wärme statt Kühle,
sie bringen sie mir wieder,
die Frühlingsgefühle.

EINFACH MAGISCH

Rieke Conzen

Elli kommt heut geknickt nach Haus
Sie sieht ganz schön traurig aus
Mama zieht sie auf ihren Schoß
Und fragt besorgt: Was ist denn los?

Elli berichtet ziemlich frustriert:
Es ist etwas in der Schule passiert
Wir sollten erzählen, was uns Freude macht
Da habe ich nicht lange nachgedacht

Ich habe die Magie genannt
Was der Lehrer als falsch empfand
Er sagte: Magie gibt es nicht
Und zog ein tadelndes Gesicht

Die anderen haben mich ausgelacht
Und eine tiefe Scham in mir entfacht
Sie tuschelten um mich herum
An Magie zu glauben war richtig dumm

Ich dachte, dass sie wirklich existiert
Nun habe ich mich fürchterlich blamiert
Am liebsten wäre ich im Erdboden versunken
Einfach im grauen Beton ertrunken

Ach Ellilein, sagt Mama, dich trifft keine Schuld
Für diese spießige Einfalt am Lehrerpult
Die Reaktion war unfair und gemein
Dir sollte das nicht peinlich sein

Außerdem hast du völlig recht
Sie ist nämlich tatsächlich echt
Im Leben gibt es so viel Magie
Sieh hin, dann erkennst du sie

Kommst du in einen Regenschauer hinein
Folgt schon bald der Sonnenschein
Dafür gibt es eine bunte Garantie
Der Regenbogen ist wahre Magie

Nimm ein Buch, blättere durch die Seiten
Genieße es, andere Welten zu beschreiten
Ganz egal ob Erzählung oder Poesie
Ein Buch ist wahre Magie

Schau hoch zum Himmel im Dunkeln
Erfreue dich am Strahlen und Funkeln
Dafür brauchst du keine Batterie
Der Sternenhimmel ist wahre Magie

Ein echtes, herzliches Lachen befreit
Und sorgt für ausgelassene Fröhlichkeit
Es verbreitet zauberhaften Esprit
Lachen ist wahre Magie

Deine Freunde sind immer für dich da
Mit Verständnis, Empathie und viel Hurra
Zwischen euch herrscht Harmonie
Freundschaft ist wahre Magie

Doch das Wichtigste kommt noch hinzu
Das größte Wunder bist nämlich du
Mit so viel Frohsinn und Fantasie
Du bist wahre Magie

Elli lauschte den Worten gespannt
Und hat es nun für sich erkannt
Sie freut sich und lächelt in sich hinein
So toll kann unsere Magie also sein

Ganz viel Zauber steckt in unserem Leben
Magie kann es wirklich überall geben
Sie wird aus den einfachen Dingen entstehen
Man muss nur die Augen öffnen, um sie zu sehen

SCHATTEN DER VERGANGENHEIT

A. S. Schöpf

Also ging ich
Genau so, wie du gegangen bist
Kein weiterer Wortwechsel
Kein zufälliges Über-den-Weg-Laufen
Erst ein Schritt
Dann zwei
Bis hin zur Unendlichkeit
Aus vielen Gedanken
Wurden wenige
Erstickt durch die Endgültigkeit des Vergessens
Aus einem Leben
Wurden zwei
Getrennt
Auseinandergerissen
Brutal
Kalt
Radikal
Ohne jegliche Rücksicht auf Verluste
Was einst Vertraute waren
Sind jetzt Fremde
Als hätte es das Zusammen niemals gegeben
Als wäre die einst dagewesene Verbindung
Nicht mehr als ein Schatten der Vergangenheit

ICH WILL

Finanas

Ich will...
Jeden sein Leben leben lassen
Niemand soll sich hassen
Die Welt soll geprägt von Liebe sein
Für jeden, egal ob Mensch, Hund oder Schwein
Nichts soll die Liebe zwischen Menschen trennen
Niemand soll vor der Wahrheit wegrennen
Jeder soll im Einklang leben
Man soll nach Liebe, nicht nach Macht streben
Man soll schätzen wen man hat
Verlaufen soll das Leben glatt
Ohne Schmerz, Trauer und Regen
Lieber mit Herz, Liebe und Segen
Niemand soll leiden müssen
Oder weglaufen vor Schüssen
Man soll viele Freunde haben
Die da sind in allen Lebenslagen
Jeder ist für jeden da
Man steht sich wirklich nah
Umarmungen und Liebe überall
Sie erfüllt den Raum und es verbreitet sich der Schall:
Jeder hat verdient geliebt zu werden
Menschen sollen sich unterstützen, wie Pferde in
Herden
Liebe liegt in Raum und Luft
Doch bald vergeht auch dieser Duft
Ich wache auf und sehe ein
Das muss wohl ein Traum gewesen sein

FÜR O

Petra Baar

Sterne sind Erinnerungen, die der Himmel
an die Erde schreibt.
Und so
schaue ich empor und lese jede Nacht deine Briefe,
damit du
meine Dunkelheit erhellst.

SICHERER HAFEN

Mareike Verbücheln

Du bist der Ruhepol von mir,
die Schulter zum Anlehnen
und die stützende Mauer,
wenn es mir nicht gut geht.

Bei dir bin ich sicher und geborgen,
bei dir kann ich mich ausruhen
und neue Kraft sammeln.

Du bist der sichere Hafen von mir,
die Person, die mich glücklich macht,
egal wie es mir geht,
und die Person,
die ich jederzeit sehen könnte.

WIR

F.L. Palao

Worte im Regen, Tropfen auf der Haut
noch lange nicht vergeben, noch lange nicht verdaut
jedes einzelne so kalt, ein eisiger Nadelstich
spüre jedes Mal aufs Neue, wie alles in mir zerbricht

Wir fingen so gut an, wir waren so nah
einfach und immer füreinander da
und jetzt friert jeder Atemzug von dir
mich langsam weiter ein
und du kannst es nicht mal spürn
in deinem frostig blauen Schein

Und ich liebe dich immer noch, hoffe mit jedem Blick
von dir auf einen luftig warmen Hauch
und ich liebe dich immer noch, weiß nicht mal warum
und ich liebe dich immer noch, und taue nicht auf.

Naked and Exposed

Elisabeth Krauthaufer

I'm an open book.
Putting my thoughts on full display,
like any predator would want to have their prey.
I'm being more honest than someone could be.
Expressing my thoughts exactly the same way all over
again.
Different sentences,
same meaning.
It's become repetitive.
Yet you still don't understand,
or do you just not want to understand?
Ignorance is easier, isn't it?
Shoving me away, acting like there was nothing to talk
about.
It's easier, isn't it?
Acting as if I wasn't even there,
as if we didn't have a history.
But we do.
And it's time that you face it,
that you face me.
And that you stop refusing to hear,
what I want to tell you.
I'm an open book that you're trying to close again,
that you don't want to read until the end.
But I won't let you shut me down this time.

DAS LEBEN EIN MEER

Amanda Becker

es rauscht das Meer
so wild und sanft
ein Auf und Ab
des Wellengangs

fern der Heimat
beginnen sie ihr Spiel
beginnen ihre lange Reise
kommen kaum ans Ziel

Wellen brechen am Ufer
gehen tief ins Land
ziehen sich zurück
fremd und unbekannt

manche suchen leider
das Glück vergebens
auf den seltsamen Wegen
des ewigen Lebens

du bist stärker
als ihre Seitenhiebe
bist aufrecht
machst keine Unterschiede

klar deine Seele
wild dein Herz
deine Freude, dein Lachen
lindern den Schmerz

sie nennen sich Freunde
doch können sie nicht sehen
sind zu schwach
um Träume zu verstehen

im Rausch der Tiefe
bist du oft leer
deine Gefühle sind wilde Wellen
mitten im Meer

DAS MÄDCHEN IN DER HINTERSTEN REIHE

Julia S. Oltmanns

Wenn du mich ansiehst, dann lächelt mein Herz,
vorbei sind die dunklen Gedanken und all der Schmerz.
Hätte nie gedacht, dass es so etwas gibt,
dass meine Liebe einfach so zu dir fliegt.

An dir ist etwas Besonderes, was mir so sehr gefällt,
bist mein Freund, mein Geliebter, mein Held.
Ich weiß, es klingt kitschig und du lachst mich sicher
aus,
holtest du mich unbewusst aus einem tiefen,
emotionalen Loch heraus.

Deine strahlenden Augen und das breite Lächeln
verzaubern jeden auf der Welt,
jeder Blick, jede Bewegung, jedes Wort, mich allzeit in
Atem hält.
Für mich bist du unschlagbar, auf ewig meine Nummer
eins,
es gibt auf der Erde kein weiteres Herz, das so schlägt wie
deins.

Dennoch wirst du mich niemals finden in all dem
Gedränge,
bin ich für dich nur ein Gesicht von tausenden in all der
Menge.
Für das Mädchen in der
hintersten Reihe, du glaubst es
kaum,
bleibst du für alle Zeit der
absolute und unerreichbare
Traum.

98

NICHT VON DIESER WELT

Lois M. Heitkamp

Dieses eine Gefühl,
auf dieser Welt nicht ganz richtig zu sein,
aber ich denke, man ist nicht allein
mit diesem Gefühl.

Die Welt in Büchern
scheint nur allzu oft perfekt,
die sich von Liebe über Drachen erstreckt,
von endlosen Wäldern bis magischen Hütern.

Dieses Gefühl von Fernweh
nach einem Land, einer Welt
mit Abenteuern, ohne Geld,
Hauptsache, nicht in dieser Welt.

BRIEF IN DIE VERGANGENHEIT

Hanna C. Legnar

An mein 16-jähriges Ich
– verlier den Mut nur nicht!

Du sitzt schweigend zwischen dreißig Stühlen,
innerlich zerrissen von Erwartung und Gefühlen.
Bloß keiner sieht, dass ein Sturm in dir tobt,
hast du deine Fassade doch über Jahre erprobt.
Du hast dir mit der Zeit eine Rolle gewebt,
damit sie an deiner Stelle dein Leben lebt.

Niemand sieht, was dieses Mädchen braucht,
das wortlos zwischen anderen untertaucht.
Sie denkt, wie sie ist, wird sie niemals genügen,
also wird sie sich bis zum Zerbrechen verbiegen.
Niemand sieht, was diesem Mädchen fehlt
und welche Geschichte ihr Leben erzählt.

Es fällt dir schon schwer, den Tag zu überstehen,
doch sollst du deutlich deine Zukunft sehen.
Dabei weißt du nicht einmal, wer du eigentlich bist.
Wie also wissen, welcher Weg der richtige ist?
Mit jedem neuen Tag wächst in dir diese Angst,
es gäbe kein Ziel, das du jemals erreichen kannst.

Du wirst suchen, nichts finden, probieren und scheitern,
und ja, du fällst auch zunächst von dreizehn Leitern.
Doch wirst du lernen, was wirklich für dich wichtig ist,
offenbart jeder Weg ein Fünkchen dessen, was du bist.
Durch diese Wege wirst du finden, was du brauchst.
Freiheit – damit du nicht mehr wortlos untertauchst.

Du kannst albern und kindlich, genauso ernst und
verbindlich.
Findest in dir den Mut, entfachst damit im Herzen die
Glut.
Trägst auf der Zunge dein Herz, fürchtest nicht mehr
den Schmerz.
Lernst, deine Angst zu besiegen, willst dich nicht mehr
verbiegen.
Ich will, dass du niemals vergisst, du wirst sein, wer du
bist.
Bist verträumt, realistisch, einzigartig, wundervoll,
autistisch.

WIE ES IST

Elena König

Ich hab vergessen, wie es ist,
wie es ist, jemanden zu haben,
wie es ist, mit jemandem zu reden,
wie es ist, glücklich zu sein,
wie es ist, ich zu sein.

Ich hab mich selbst verloren,
weil ich immer an letzter Stelle stand,
weil meine Probleme keiner ernst nahm,
weil man mich immer im Stich gelassen hat,
weil ich mein wahres Selbst vor ihnen verstecken musste.

Dann kamst du und hast mir gezeigt,
wie es ist, Glück zu empfinden,
wie es ist, meine Probleme teilen zu können,
wie es ist, nicht mehr allein zu sein,
wie es ist, mich selbst wiederzufinden.

Ich habe Angst, dass du gehst.
Angst, wieder allein zu sein.
Angst, wieder in dieses Loch zu fallen.
Angst, dich zu verlieren.
Angst, mich dadurch wieder zu verlieren.

Du bist es, der mich vervollständigt.
Der mir Freude am Leben schenkt.
Der mir meine Sorgen nimmt.
Der mir Leichtigkeit bringt und mich heilt.
Der mich akzeptiert, wie ich bin.

LIEBE HAT ZWEI GESICHTER

Alyssa Westensee

Liebe ist Vertrauen
Liebe macht blind
Liebe lässt nach vorne schauen
Liebe ist ein gebranntes Kind

Liebe ist stabil
Liebe ist Leid
Liebe erträgt viel
Liebe hat keine Beständigkeit

Liebe ist grenzenlos
Liebe ist Schmerz
Liebe ist himmelhoch
Liebe hat kein Herz

Liebe ist Zusammenhalt
Liebe kennt kein Erbarmen
Liebe ist niemals kalt
Liebe gibt Hass einen neuen Namen

MAMA

Lara Pichler

Ich falle.
Schreie deinen Namen.
Mama, mein Knie tut weh.

Ich probiere die viel zu großen Highheels an.
Stolpere ins Wohnzimmer.
Mama, wie werde ich eine Frau?

Ich knalle die Zimmertür zu.
Tränen und Schuldgefühle mischen sich.
Mama, kannst du mich in den Arm nehmen?

Ich bin ganz hibbelig.
Du erkennst es. Natürlich.
Mama, stell dir vor, wer mich geküsst hat.

Ich werde von Albträumen geplagt.
Rüttle dich sanft an der Schulter.
Mama, ist da noch Platz in deinem Bett?

Ich weine in deinen Armen.
Mein Herz wurde zum ersten Mal gebrochen.
Mama, können wir Eis essen gehen?

Ich stehe im Bikini vorm Spiegel.
Kann nur seufzen, den Kopf schütteln.
Mama, bin ich okay, so wie ich bin?

Ich halte zwei Kleider hoch.
Mein Schulabschluss steht bevor.
Mama, kann ich mir deine Schuhe borgen?

Ich suche meinen Koffer im Keller.
Mein erster Urlaub alleine.
Mama, hilfst du mir beim Packen?

Ich bin betrunken.
Irgendwo, nirgendwo.
Mama, holst du mich ab?

Ich ziehe aus.
Ein eigenes Zuhause, wie schön.
Aber Mama, wie bedient man eigentlich so eine
Waschmaschine?

Ich rufe dich an.
Erwachsenwerden ist so schwierig.
Mama, kannst du mir deine Rezepte verraten?

Ich schicke dir ein Bild.
Wieder eine tote Pflanze.
Mama, ich habe noch so viel zu lernen.

Ich melde mich nicht.
Arbeit und Freunde, schon habe ich keine Zeit mehr.
Mama, ich habe dich nicht vergessen.

Ich erhalte eine besorgte Nachricht.
Dabei geht es mir so gut wie noch nie.
Mama, ich wünschte, du könntest mich so sehen.

Ich komme nach Hause.
Zu dir, wo ich immer zuhause sein werde.
Mama, das ist mein neuer Freund.

Ich verpasse Weihnachten.
Ein Geschenk liegt im Briefkasten.
Mama, bist du mir böse?

Ich rufe dich wieder an.
Und wieder. Und wieder. Und wieder.
Mama, wie viele Lebenslektionen muss ich noch lernen?

Ich halte deine Hände.
Sage dir, dass ich so sein möchte wie du.
Mama, warum siehst du nicht, was ich sehe?

Ich werde alleine sein.
Irgendwann werde ich dich nicht mehr halten können.
Mama, verlass mich nicht.

Mama, ich brauche dich.

DANKSAGUNG

So schnell kann es gehen. Jetzt ist das Büchlein schon wieder vorbei. Wir hoffen, dich hier und da nachdenklich gestimmt, inspiriert und berührt zu haben.

Danke an jede helfende Hand, die uns bei diesem einzigartigen Projekt unterstützt hat. Ohne euch könnte dieses einzigartige Werk jetzt nicht vor uns liegen.

Danke an Lara Pichler und Anja Schöpf, die diese Aktion ins Leben gerufen haben.

Danke an Elci J. Sagittarus für dieses traumhafte Cover. Danke Natalie Gille, Nadine Koch und Lena Zoe Dernai, die »Zimt und Poesie« auch von innen durch den Buchsatz und die Grafiken auf so einzigartige Weise gestaltet haben.

Danke an Rieke Conzen, Matti Laaksonen und Reyhan Ivory Lee, die sich die Mühe gemacht haben, uns als Korrektor*innen zu unterstützen, und dabei viel Zeit in dieses Projekt investiert haben.

Danke für das Herzblut, das jeder Autor und jede Autorin in dieses Projekt gesteckt hat.

Danke für das Schreiben dieser wundervollen Gedichte und Texte; für die kleinen Überraschungen, die „Zimt und Poesie" einfach perfekt machen.

Zu guter Letzt bedanken wir uns natürlich auch noch bei Dir.

Danke, dass du unsere Gedanken durch Höhen und Tiefen begleitet hast.

Danke, dass du unser Projekt unterstützt.

Danke, dass du auch anderen in dieser Zeit ein Lächeln schenkst.

Deine Cinnamon Society

Unser 1. Vereinstreffen im März 2023

ÜBER DIE

CINNAMON SOCIETY

 Die Cinnamon Society wächst mit jedem Projekt, sodass sie derzeit aus über 60 Mitgliedern besteht. Dieses Mal durften die Autorinnen und Autoren der sozialen Schreibgruppe ihren zweiten Poesieband »Zimt und Poesie - Sternschnuppenstunden« veröffentlichen.

Vor »Zimt und Poesie - Sternschnuppenstunden« sind die Kurzgeschichtensammlungen *»Lichtfunken und Schattenmärchen«*, *»Winterwaldträume«*, *»Sommerregentänze«*, *»Kaminfeuerabende«, »Frühsommernächte«* und *»Mittwintertage«* sowie der Posieband *»Zimt und Poesie - Mitternachtsgedanken«* entstanden. Zusammen möchten sie auch in Zukunft mit ihren Büchern für den guten Zweck Menschen, Tieren und der Umwelt helfen. Schon jetzt sammeln sie fleißig Ideen für neue Projekte, die bald in Angriff genommen werden – unser nächstes Projekt, ein weiterer Adventskalender, ist bereits in Arbeit.

Folge der Cinnamon Society gerne auf Instagram, um nichts zu verpassen und abonniere den Newsletter, um zu den ersten zu gehören, die von neuen Projekten, Reveals und Nachrichten erfahren.

Hier erfährst
Du mehr

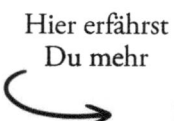 

ÜBER DIE GRÜNDERINNEN

ÜBER ANJA S. SCHÖPF

© Foto: Oliver Staack

Anja S. Schöpf lebt und schreibt in München. Seit einigen Jahren widmet sie einen großen Teil ihres Lebens den Büchern. Was anfangs reines Lesefieber war, ging schnell in das Schreiben eigener Texte über. Dabei tummelt sie sich hauptsächlich im Romance Bereich. Ein Genre, das aus ihrem Leben einfach nicht mehr wegzudenken ist.

Mit der Gründung der Cinnamon Society, einer ehrenamtlichen Schreibgruppe, wurden zwei ihrer Texte 2021 erstmals veröffentlicht. Seitdem widmet sie sich sowohl ihren eigenen Romanen, als auch weiteren ehrenamtlichen Veröffentlichungen und ihrer Ausbildung zur Schauspielerin.

Hier erfährst Du mehr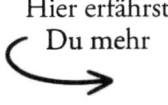

ÜBER LARA PICHLER

Lara Pichler wurde 2004 in Oberösterreich geboren und lebt derzeit in der Schweiz. Ihre Kreativität zeigt sich an den zahlreichen Projekten, die sie bereits umgesetzt hat. Darunter mehrere Kurzfilme, Fotografien und literarische Texte, aber auch Podcasts wie Big Sister Chats. Durch ihre Ingenieurs-Ausbildung zur Medientechnikerin sieht sie sich als Regisseurin oder Drehbuchautorin.

Mit »Mittwintertage« konnte sie die Cinnamon Society gründen und im Zuge dessen ihre erste Kurzgeschichte veröffentlichen.

Ihr ist es besonders wichtig, möglichst viele neue Menschen auf das Projekt aufmerksam zu machen.

Wenn sie nicht gerade in den Untiefen einer neuen Idee versinkt, postet sie auf ihrem Instagram-Account @podcast_bigsisterchats Content rund um physische und mentale Gesundheit.

Hier erfährst
Du mehr

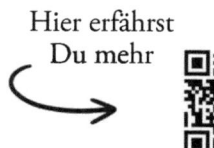

DU KANNST NICHT GENUG BEKOMMEN?

Dann folge gerne dem »Buchstäblich Zimtig«-Podcast, der von Lara, Carlos, Jo & Nadine gehostet wird. Jeden zweiten Freitag sprechen sie dort über ein Thema rund ums Lesen und Schreiben.

Hier erfährst
Du mehr

PROJEKTE

Jeglicher Erlös unserer ersten Kurzgeschichtensammlung »Mittwintertage – Geschichten der leuchtenden Jahreszeit« geht an die *Krebshilfe Wien*.

Jeglicher Erlös unserer zweiten Kurzgeschichtensammlung »Frühsommernächte – Geschichten der blühenden Jahreszeit« geht an das *Frauen helfen Frauen e.V.* Frauenhaus in Regensburg.

Jeglicher Erlös unserer dritten Kurzgeschichtensammlung »Kaminfeuerabende – Geschichten der kalten Jahreszeit« geht an den *Zürcher Tierschutz*.

 Jeglicher Erlös unserer Gedichtsammlung »Zimt und Poesie – Mitternachtsgedanken« geht an die Stiftung *Denk an mich.*

 Jeglicher Erlös unserer vierten Kurzgeschichtensammlung »Sommerregentänze – Geschichten der schillernden Jahreszeit« geht an die *Flachgauer Tafel.*

 Jeglicher Erlös unserer fünften Kurzgeschichtensammlung »Winterwaldträume - Geschichten der verschneiten Jahreszeit« geht an das *Kinder- und Jugendhaus Runkel* in Deutschland.

 Jeglicher Erlös unserer sechsten Kurzgeschichtensammlung »Lichtfunken und Schattenmärchen – Geschichten zwischen Tag und Nacht« geht an das *Ostschweizer Kinderspital.*

Alle Bücher sind überall online und im Buchhandel erhältlich